生きて、逝くヒント

高田好胤
Takada Kouin

CCCメディアハウス

生《い》きて、逝《ゆ》くヒント

目次

生きる

「時は命なり」です。
時の流れは命の流れなのです。

私どもの存在は現在世《げいざいせ》だけのものではありません。

過去から現在へ、そして現在から未来へ……。そういう無窮《むきゅう》の時間の流れの中に私たちはたった一つの命をいただいて立っているのです。ですから、「死んでしまえばお仕舞《しま》い」などというニヒリズムに陥《おちい》っている暇もないし、「今日やらなくとも、明日……」などと悠長《ゆうちょう》なこともいってられないのです。

私どもの目の前のこの時は、瞬間もとどまることなく流れに流れているのです。

そのかけがえのない「いま現在」という時間を無駄《むだ》にすることは時間を殺すことであり、それはまた一つの不殺生戒《ふせっしょうかい》を犯すことでもあります。時間を殺すのも殺生です。

『心のことば』『まごころ説法』

日《ひ》一日《いちにち》を
慎しむ

好胤

お経に「一日の光陰《こういん》は短しと雖《いえど》も、これを空《むな》しゅうするなかれ。一夜を捨《す》つるはこれ汝《なんじ》の命を減ずるなり」と。光陰の「光」は太陽のひかり、「陰」は月のひかりで、光陰は時間を表す言葉です。時間を無駄に過ごすことは、お前さんの命を捨てていることになるのだよとの教えです。

『心の添え木』

死こそ、最大の遺産である。

親が子に、子が親に、夫が妻に、妻が夫に、こうした慕《した》わしい者同士がお互いに残し合う最大の遺産、それは一体何であろうか。金、銀、財宝、書画、骨董、また動産不動産等さまざまであろうが、果してそうしたものが最大の遺産であるといえるだろうか。

金、銀、財宝などあるが故にかえってそれが原因で親子、兄弟姉妹が仇同士の関係に陥らねばならない。

その結果、いやな言葉ですが「兄弟は他人のはじまり」ということにもなりかねません。そうなると、財産はむしろ魔物です。

それらを見聞きするたびに、お互いが残し合う最大の遺産は、死という厳粛な事実そのものにあるのではないかと思うようになりました。

その死をどのように受けとめ、生かさせていただくか。これが後に残った者が先立たれたお方さまへの尽くさねばならない、いちばん大事なお務めだと思います。

『新潮45』(昭和63年3月号)『心のことば』『まごころ説法』

真実の対話は死に別れた日から始まる。

一期《いちご》一会《いちえ》といいますが、縁《えん》があって出会っても、やがて別れて行かなければならないというのが人の運命です。しかし、だからこそ出会いとか、生きているあいだの心の持ち方が大切なのだ。

私は申し上げたい。親子であれ、夫婦であれ、真実の対話は死に別れた日からこそ始まるのである。あまりにも悲しい死別という厳粛な事実から新しい出会いの始まりがある。その死をどのように受けとめ、その死をどのように生かしていくか。それがあとに残った者の先立たれた方への果たさねばならぬ最も大切なつとめである。幼くして父を、若くして母を亡くした私の心底からの思いだ。

『心　第二集　曲り角に立つ日本人』『新潮45』(昭和63年3月号)

死に謙虚になってこそ
現実に真剣になれるのです。

『心のことば』

無慈悲の慈悲。
厳しさがあってこそ、
本当のやさしさが生きて参《まい》ります。

『まごころ説法』

生きるとは
つらき別れを
重ねつつ
おもき思ひに
堪へてゆくこと

好胤

多くの昵懇《じっこん》をいただいた方々との出会いは嬉《うれ》しい、有難いことですが、それが死別しなければならない悲しみになるときの、堪えがたさ。

しかし、生きとし生ける者はすべて死なねばならない。世にたぐいなきこの師、大いなる如来《にょらい》もまた逝《ゆ》き給《たも》うた……。

私の大切な信仰の友との永訣《えいけつ》に詠《よ》んだ一首である。友との死別を重ねて、命へのいとおしみは日一日、年一年深まり、一期一会の切実さが増す。

『悟りとは決心すること』『心の添え木』

三《さん》界《がい》はこれみなわが有《う》なり。

三界というのは人々が生死輪廻《しょうじりんね》する三つの世界――つまり欲界・色界・無色界をいいます。したがって、私たちの物質世界、精神世界のすべてのものが自分のものだというのが冒頭の言葉の意味です。といっても、人間の強欲ぶりを表現しているわけではなく、本来三界にはこれは誰々のものということはないのだということなのです。それを俺のもの、お前のものという意識があるから所有欲にとらわれ、こだわるのです。

『心のことば』

我《が》は白髪《しらが》だけで結構、
白髪の数ほど我を出しなさるな。

だんだん年をとると頑固《がんこ》になる。頑固になると、これは柔軟心《じゅうなんしん》ではないのです。頑冥固陋《がんめいころう》になったということは、柔軟心を失っている証拠なのです。

『心をむすぶ』

昨日あるによりて今日あり。
今日あるにより明日あり。

昨日のない今日は、ないのです。そして今日があるということは明日があるということ。今日の私が、明日の私を生むのです。

人は、それぞれに暗い過去、辛《つら》い過去をも背負っています。しかし、それがたとえどんなに辛くとも、佛さまの教えをいただくことによって、マイナスをプラスに生かすことができる。今日からよりよい明日へと方向転換ができます。

過去、現在、未来の関係を、過去があるによって今日があり、今日の現在が明日を、明日からの未来を生みなしていく、つくりなしていくと考えてみてください。

いまや世の中すべてが、刹那《せつな》の享楽だけを求めています。

『まごころ説法』

來世に生きる人の為に生きる今

来世があるかないかは、議論の余地のないことです。私どものかわいい子供、孫、曾孫、少なくともこれは確実な私どもの来世です。これをさえ来世だと思えないほど、私どもはエゴに侵《おか》されています。

その来世を温かい極楽の世とするか、恐ろしい地獄の世に陥《おとしい》れるかは、いまの私どもの心がけと行為が決めるのです。

地獄、極楽、来世は決して、遠いあの世の話ではありません。


『まごころ説法』

「冥《めい》福《ふく》」とは子や孫に
温かく思い出されることである。

死んで後《のち》、来世の幸せを冥福といいます。

私たちは死んだときはなに一つあの世へは持って行けません。生前大好きだった着物をお棺の中で着せてもらっても、灰にして残していかなければなりません。お茶碗一つ持っていけないあの世です。そんな私どもの死後の幸せとは一体なんなんでしょうか？

子供や孫の気持ちの中に、あるときは尊敬され、あるときは親しみ深く、懐《なつ》かしく思い出してもらうことが冥福、つまり死んだ後の唯一の幸せです。

『親の姿　子の心』『心のことば』『まごころ説法』

金はな金は
楽しや別れた
人がはれて
この世に
あいにくる

好胤

お盆がくればご先祖さまが帰ってきてくださるんだ、これは温かい風習です。この仕来《しきた》りがどれほど人々の気持ちをなごめ、なぐさめてきてくれたことでしょうか。それが事実わが身になったとき、そのぬくもりが身に沁《し》みてありがたさがわかります。

お盆をどうかあたたかくお営みになってください。

『心の添え木』『悟りとは決心すること』

佛心

佛法はまるい、こころの教へです
佛法はあかるい、こころの教へです
佛法はきよらかなるこころの教へです
佛法はしずかなるこころの教へです
佛法はおかげさまなるこころの教へです
佛法は無我なるこころの教へです
佛法は大慈悲なるこころの教へです

好胤

佛教の地獄というのは、私どもがしている行為、体でする行為、心であれこれ思いめぐらす行為が、自分の地獄をそれぞれにつくるというのです。

その心の、言葉の、体の行為をひっくるめて佛教では「業《ごう》」といいます。

『まごころ説法』

先に犯せる己《おの》が悪業《あくごう》を、
いまや善業《ぜんごう》をもて覆《おお》う人は、
この世を照らすこと、
あたかも雲間を出でし月のごとし。

たとえ悪いことをしても真面目に懺悔《さんげ》をし、その上で善業をほどこせば、あたかも雲間から出た煌々《こうこう》たる月のように悪業を消し去ってくれるのです。この『阿含経《あごんきょう》』の教えは人にそそのかされて百人の人を殺し、罪におののく青年に与えた釈尊の言葉です。

『心のことば』

「業」というのは行為のことです。

身体でする行為、言葉で語る行為、心であれこれ思いめぐらす心の行為、こういったすべての行為をひっくるめて佛教では業と申します。

私たちがいまこうして存在するのは過去のもろもろの行為の結果なのです。また、いまやっていることが未来の自分を創り上げてゆきます。それが善因善果《ぜんいんぜんか》、悪因悪果《あくいんあっか》です。しかし、この行為（業）をしたらこうなれるだろうからそうする、というのでは意味はないのです。

これをすればこうなるだろう、という期待は一種の邪《よこしま》なものだからです。


『親の姿　子の心』『心　第二集　曲り角に立つ日本人』

寂滅《じゃくめつ》の世界――それが涅槃《ねはん》で、
さとりの世界なのです。

「寂滅」というのは、謂《い》うなれば絶対の静けさ。だから私はさとりの世界を静かなる心の完成された世界と申しているのです。

外面的な形だけが静かであってもなんにもなりません。形は静かに坐っているようでも心は千々《ちぢ》に乱れているということはよくあるものです。

形と同時に心もまた絶対の静かさをもっていなければならない。

『日本人らしく』

四苦八苦。

四苦は生、老、病、死の四苦です。この四苦に人生は縛《しば》られています。八苦のほうは四苦の肉体的、生理的な苦に対して、精神的、心理的な苦しみです。四苦の別に八つあるのではなく、それは愛別離苦《あいべつりく》、怨憎会苦《おんぞうえく》、求不得苦《ぐふとっく》、五蘊盛苦《ごうんじょうく》という四苦を加えて八苦になるのです。

人生、楽しいこと嬉しいこともいっぱいあります。けれども美しく咲いた花の喜びも、やがては散ってゆく悲しみの日の出会いにつながってゆきます。思えば人生はその苦しみに堪える訓練の場であることを知らねばなりません。

『悟りとは決心すること』

随喜善《ずいきぜん》——他人の喜びをわが喜びとする。

お釈迦さまは、供養するものを持たない人々に、「布施をはじめいいことをする人を見たときに、その人の善行を褒《ほ》めたたえなさい。そしてそれを自分のことのように喜びなさい。そうすれば、布施をした人と変わりない功徳《くどく》にあやかることができる」というお話をなさいました。

これを随喜善、あるいは随喜功徳と申します。

他人のしたことを褒めたたえ喜んで、それで変わらぬ功徳がいただけるなら、それはたやすいことだと思われるでしょうが、しかし、胸に手を当てて考えてみてください。

人のしているいいことを素直に心から褒めることはなかなか難しいことです。

『心のことば』『まごころ説法』

因《いん》縁《ねん》因《いん》果《が》。

この因果は、道徳や科学の因果律とは違います。佛教の因果律は因縁因果の因果観です。

原因があったら必ず結果があるかというとそうではなく、原因に縁が働いてこそ、結果が生まれてくるのです。因があっても、これに縁の働きが加わらねば、結果は生まれてきません。

私どもが生まれてくるためには、お父さん、お母さんのご縁の働きをいただいている。

ですから縁が大事なのです。縁が欠けたら、果は生まれてはこない、これを縁《えん》欠《けつ》不《ふ》生《しょう》といいます。だから過去を未来に生かすも殺すも、今日の、現在の縁がどのように働きかけるかで決まってくるといえます。

この「縁」をしっかり見つめなければ、因縁因果の教えが、単なる因果論、また宿命論に終わってしまいます。

縁は努力で作るものです。

『まごころ説法』『悟りとは決心すること』

相手に、また人に向かって自業自得《じごうじとく》があるのではないのです。自分自身の自覚のなかに自業自得と受け取ってこそ、自業自得の意味があるのです。

『心をむすぶ』

すべてのものは死んでいきます。きょうは人のお葬式、けれどもいつかは必ず自分自身がお葬式をしてもらう順番が回ってきます。
いまは順番待ちです。

『心をむすぶ』

妄語《もうご》は大地をも焼く。

たとえば誇大広告や過大宣伝など、今日は妄語の時代です。欲望をつのらせ、要《い》らんものまで要るように、買いたくないものまで買わせるようにする、その誇大広告、過大宣伝が妄語です。

あまりにも私どもの貪《むさぼ》りをつのらせる、毒なる、徒《あだ》なる広告が多すぎます。妄語は、私どもを滅ぼすだけでなく、私どもの親である地球の命をも失わしめるものであります。

『まごころ説法』

火乃
要慎

好風

私は乞《こ》われて色紙を書くときに「火乃要慎《ひのようじん》」と書くことがあります。怒りの火がある、貪《むさぼ》りの火がある、火はいつまでも燃えています。そんな煩悩《ぼんのう》の火に、自分の人生をないがしろにしてしまったらもったいないです。

何とぞ火乃要慎、慎み深く謙虚にとお願いいたします。『心の添え木』

因果は応報である、
というのは何も古い話ではなく、
あなた自身の生あるかぎり、
永久に新しい問題です。

『心　いかに生きたらいいか』

人間は、悲しいことに出あっても、
決してそれが永遠の悲しみではないことを、
また嬉しいことがあっても、
それが永遠の喜びではないことを、腹の中に
しっかりと固《かた》めておかなければなりません。

『心　いかに生きたらいいか』

懺悔

懺悔は一般にはザンゲとよまれているようですが、佛教ではサンゲ、とよみます。

懺悔することで心身が浄《きよ》められるのです。

この風習が生きているのが「すみません」という日常語で、よそのお宅を訪れるときでもいきなり上がらず、「ごめんなさい」「すみません」と声をかけるのも懺悔で、生活の中に温かく咀嚼《そしゃく》されているのです。英語の「エクスキューズ・ミー」のように眼の前の行動を悔《く》いていっているのではなく、人間の根源的な罪垢《ざいく》を懺悔しているのです。

早い話が私たちはお互い人に迷惑をかけずに生きているなどと言えるでしょうか。どこかで誰かに迷惑をかけています。迷惑をかけあうことなくして生きてはゆけぬ私どもお互いです。

懺悔には人を新しく生まれ変わらせる働きがあります。

『親の姿　子の心』『心のことば』

私たちは常に「柔《じゅう》軟《なん》心《しん》」というものをもたねばなりません。

それに「歓喜心《かんきしん》」「堪忍心《かんにんしん》」「明浄心《みょうじょうしん》」、この四つの心を心がけるということ、これが上手に年をとれる道なのです。私たちはこれを失ったらいかんのです。

『心をむすぶ』

いい香りは人の心に安らぎを与える。

お薬師《やくし》さんのお経の中に、雑色《ぞうしき》――つまり色とりどりの花を佛様にお給仕《きゅうじ》し、もろもろの名香《めいこう》を佛様にご供養する。そうすることによって病《やまい》は治るし、七難苦のいろいろな難儀《なんぎ》も取り除いていただける、とあります。

香りの中に鎮静作用をはじめとするさまざまな効果があることは、医学の面からも立証されており、また、いい香りは場を清め、私どもの心の汚《けが》れや煩悩を取り除いてくれる消化薬のようなものといわれています。

『まごころ説法』

人は黙して坐するを謗《そし》り、
言葉多きを謗り、また少なきを謗る。
世に謗られざる人なし。

人というのはそういうものだから、気を落としてはいけないと釈尊はいわれたのです。

私どもは謗られたら気が滅入《めい》ります。

そういうときは、私は夜中でも持佛堂に入って、懸命にお写経をいたします。そんな私の前にお釈迦さまがお出ましくださって、こうおっしゃってくださるのです。

「ただ褒められるばかりの人、過去にもなかりき、未来にもなかるべし、現在《いま》もあることなし」

『心のことば』『まごころ説法』

見てござる

好胤

会社の仕事でも上司や同僚に理解してもらえず、身に覚えのないことで誤解されることもありますが、しなければならないことをしていれば、神様佛様が見えないところから、「見てござる」のです。

誰が見ていなくとも誰かが見ている。

『心のことば』『心の添え木』

作為《さくい》のない心からの微笑が和顔施《わげんせ》です。

いつもなごやかな顔をして人に接するということが和顔施でありま す。ニッコリと微笑《ほほえ》みをたたえた顔に接する者は、どれだけ心をなご ませられることか。

先日、私がソビエトに参りましたとき、方々であちらの人たちの笑 顔に出会いました。遠い国から旅して行ったわれわれを見て、ニッコ リと微笑みかけてくれるのです。知らない国、言葉の通じない国での 不安を、その笑顔が取り除いてくれました。

人なつこい微笑に、お互い人間同士、通じるものがあるのだと安ら いだ気持になり、これこそ和顔施やなと、つくづく思ったものです。

『心　いかに生きたらいいか』

あるものは遠く、あるものは近く。

佛教の教えは、中道なる心へのお導きです。

あるとき、私は気がついたのです。眼が遠くなる、やがて耳も遠くなる、ついには気も遠くなるだろう。なにもかも遠くなるのは可哀《かわい》そうだから、せめてトイレくらい近くしてくださったのは佛様のお慈悲《じひ》なのではあるまいか。あるものは遠く、あるものは近く——こうして全体のバランスをとってくださっているのではあるまいか。『心のことば』

すべての存在を自分流の色に染めて、
それに執《とら》われている私たちであります。

すべてのものは相依《あいよ》り、相集まって、お互いに関係し合って、存在しているのです。独立して唯一で存在しえているものは何もないということです。ところが私どもはそれをわきまえずに、自分自身の思いにとらわれてしまっています。

いくら説明しても、自分の思い、自分の考えにとらわれてしまって、固執《こしつ》して、俺はこの耳で聞いたのだからと、こうなるのです。そしておのれの了見にとらわれて、心を狭《せま》くしている人がおられる。心を閉ざすのではなく心をひろげる、開心ですね、心を開くというのは大事なことです。けれども年とともに、だんだん心をひろげる力を失うのです。これに気がつくように心がけねばなりません。

『悟りとは決心すること』

その人を滅ぼすのは
その人の過ぎたる貪りである。

お釈迦さまは無我《むが》を説かれ、無欲を教えられます。無欲の教えは、悪《あ》しき欲望の営みを捨てなさいというのが本筋です。もっとあっさり言えば、煩悩と上手につき合うということです。煩悩とのつき合い方を間違えたら身を滅ぼすことになります。

「欲とは上手におつき合いしなさい」こういうことです。欲はほどほどに少欲知足《しょうよくちそく》です。

『悟りとは決心すること』

生きて甲斐《かい》ある生き方をする。

正しい目標に向かって正しい努力をする。そして自分はくすぶり尽き（お線香のように燃え尽き）ていくけれども、その温かい生き方を世の中に役立たせ、しかも自分がこうしたああしたのだという、自分のなしたるところに思いをとどめない生き方、これが精《しょう》進《じん》波《は》羅《ら》蜜《みつ》でございます。

『まごころ説法』

知識は智慧《ちえ》によって磨《みが》かれます。

昔から、知識は吸収する、智慧は磨くと申します。

私どもの知識は、えてして自分で知り分けている——了別《りょうべつ》しているつもりだけれども、往々間違って判断しています。もう一ついえば、知識は頭の中に凝《こ》り固まっているものです。それは知識の癌《がん》にもなりかねないものでこそあれ、智慧ではないのです。智慧は単なる知識とは違い、心の奥深いところから生まれ出てくるものです。頭の中に固まった知識が、修行で身について、心に流れ磨かれて、智慧が養われてまいります。

智慧の輝きによって、私たちは自分の行くべき道を正しく判断できるようになります。

『悟りとは決心すること』『まごころ説法』

永遠なるものを
求めて永遠に
努力する人を
菩薩といふ

好胤

梵語《ぼんご》のボディサットヴァを音訳して菩提薩埵《ぼだいさった》、それをさらに菩薩とつづめたわけですが、悟《さと》りに目覚めて修行する人という意味です。佛の境地を求めて懸命に努力している人をいいます。

努力する人生がつまり菩薩道《ぼさつどう》なのです。

『心のことば』『心の添え木』

お経は文字を見るだけでも功徳がある。

お経というものは文字を見るだけでも功徳があります。それを声に出して読む功徳はさらに大きいのです。それを一字一字、自分の手で書き写すそのお写経の功徳は、さらに尊いといわれています。

『親の姿　子の心』

空

かたよらない こころ
こだわらない こころ
とらわれない こころ
ひろく ひろく もっとひろく
これが 般若心経 空のこころなり

好胤

私は『般若心経《はんにゃしんぎょう》』の空《くう》という教えを、
「かたよらない心　こだわらない心
とらわれない心
ひろく　ひろく　もっとひろく
これが般若心経　空の心なり」
といただいております。

『まごころ説法』

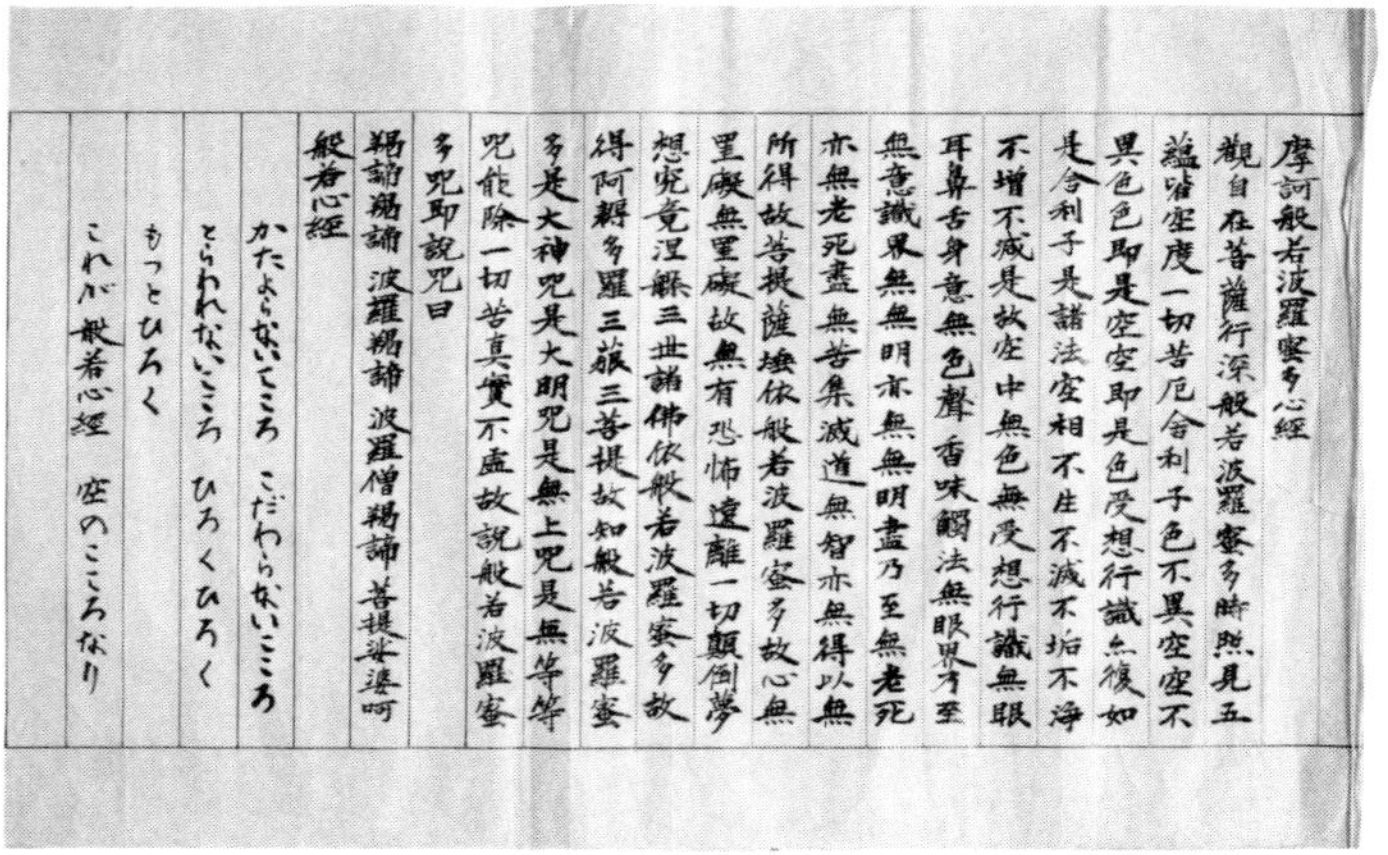

摩訶般若波羅蜜多心經
観自在菩薩行深般若波羅蜜多時照見五
蘊皆空度一切苦厄舎利子色不異空空不
異色色即是空空即是色受想行識亦復如
是舎利子是諸法空相不生不滅不垢不浄
不増不減是故空中無色無受想行識無眼
耳鼻舌身意無色聲香味觸法無眼界乃至
無意識界無無明亦無無明盡乃至無老死
亦無老死盡無苦集滅道無智亦無得以無
所得故菩提薩埵依般若波羅蜜多故心無
罣礙無罣礙故無有恐怖遠離一切顛倒夢
想究竟涅槃三世諸佛依般若波羅蜜多故
得阿耨多羅三藐三菩提故知般若波羅蜜
多是大神咒是大明咒是無上咒是無等等
咒能除一切苦真實不虚故説般若波羅蜜
多咒即説咒曰
羯諦羯諦 波羅羯諦 波羅僧羯諦 菩提娑婆呵
般若心經
かたよらないこころ　こだわらないこころ
とらわれないこころ　ひろくひろく
もっとひろく
これが般若心經　空のこころなり

『般若心経』の般若は智慧という意味です。智慧の中でも無上の智慧のことをいいます。究極の智慧の世界を「心無罣礙《しんむけげ》（心に罣礙なし）」と表現しています。

罣礙の罣は網、礙は障《さわ》りという意味ですから、罣礙は障害ということになりましょうか。心の網にひっかかるような邪魔なものがなにもなく、広く広く、もっと広く、という状態が「心無罣礙」ということなのです。

そういう罣礙がないところには、もはや恐怖もありません。そして、いっさいの顚倒《てんとう》や夢想から遠く離れて、最後には涅槃という理想の世界に行き着こうではないかということなのです。この世の苦から逃れるためには、心を素直に、広く持たなければならないということです。

『心のことば』

人生百里の道は
百里に達して
なほ半ば　二百里
三百里　五百里
行き行きて　なほ
半ばです

好胤

百万巻のお写経勧進《かんじん》は決して平坦《へいたん》な道ではありませんでした。「人生百里の道は九十里を以《もっ》て半ばである」という教えがありますが、それはなみの人の道行きです。怠惰《たいだ》な私にとっては「百里の道は九十九里を以て半ばである」とつとめさせていただきました。

それこそ、「……人生百里の道は、二百里、三百里往き往きてなお半ばである」との思いでこの道を歩ませていただいています。

『心の添え木』『まごころ説法』

口惜《くや》し涙の中から立ち上がる。
その性根が、人生には大切だと思います。

『心　いかに生きたらいいか』

物を作ることも大事です。
けれども、人の心を作るということは
もっと大事なことであります。

『心　いかに生きたらいいか』

いざというときに実力を発揮するのは
バカになることができる者なのだ。

私はよく建築の先生方にたずねるのです。「法隆寺、唐招提寺、東大寺、そのほか奈良には立派な建物がいっぱいありますが、どうしていまの建築家は古い建物の精神を学ぼうとしないのですか?」

するど、先生方はいうのです。

「いまの建築家はこんなバカなまねはしませんよ」と。

「昔の建築は目に見えない天井裏なんかにものすごく材料を使っている。いまの建築家にあれと同じだけの材料を使わせたら、同じ形の同じ大きさの建物を二つか三つ、場合によったら四つでもつくります」

この話を、第二室戸台風のときに私は思い出しました。電車の窓から見える格好のいい建物ほど、賢い人のたてたものほど、見るも無惨《むざん》な姿でひっくりかえっている。このとき私は、いざというときに実力を発揮するのはバカになることができる者なのだと思った。そして、このときほど自分自身に強い誇りと自信を感じたことはありません。

『心　いかに生きたらいいか』

教えられたいという心があれば、
どこにも教えはあるものです。

芭蕉の『吉野紀行』に、

「見るところ花にあらずということなし。思うところ教えにあらざるなし」

と出ています。花を見る心があれば、どこにでも花はありますし、教えられたいという心があれば、どこにも教えはあるものです。

人と人とのあいだは、一方的に教えたり、与えたりしているのではない。教えると同時に教えられているのであり、与えると同時に与えられているのです。

『日本人らしく』『心　いかに生きたらいいか』

道

遠い道を行く

好胤

人間は称賛をかち得ているときが
一番危険なときである。

『心のことば』

邂逅微妙之緣

好胤

世の中に〝偶然〟ということはありません。

すべてのものは因縁《いんねん》、因果、必然関係のうえに成り立っているのです。ですから、結婚式のときに、「彼と彼女は偶然一緒になりました」などとは申しません。「ご縁がありまして」と言います。

つまり、必然的関係において二人はこのたび結婚したんだということになるわけです。佛教には偶然とか奇蹟《きせき》はありません。必ずわれわれの知らんところで行なわれている実績の結果であり、原因に縁が働いて結果が出てきているのです。

『心をむすぶ』

人間というものは
そんなに器用なものではありません。

あれもしたい、これもしたい、あれもしなければいかんと、思うことはいろいろあります。けれども百万巻写経をやっていたら、もう、ほんとうに百万巻写経しかできない。

あれもこれもとは思うけれども、ひとつ事に堪えていかねばということです。

ひとつ事に堪えてゆく「堪忍心」、これができなければ、目的の成就はできません。あれもこれもと思っている間に青春は過ぎ、一生は終わってしまいます。

『心をむすぶ』

人ごころ傀儡《くぐつ》の箱に似たるかな
佛を出したり鬼を出したり。

傀儡というのは人形のことです。人間の心と傀儡師《くぐつし》（人形使い）の箱は似ていて、いろいろなものが出てくるという道歌《どうか》の意味です（編集部注・道歌とは、仏教や心学の精神を詠んだ教訓的な和歌のこと）。

西洋の彫刻は大理石を使いますが、同じ大理石から神も生まれれば悪魔も生まれるという言葉があるそうですが、これも同じことをいっているのです。

『心のことば』

一花開いて世界起《おこ》る。

一輪の花に心を集中したとき、そのただ一輪の中に全宇宙のエネルギーが宿っているということです。換言《かんげん》すれば、たった一輪のその花の生命に全宇宙のエネルギーを感じとるということです。

お茶の心得のある人はご存知だと思いますが、お茶席の庭のことを露地《ろじ》といい、その露地には花を植えないことが建前になっています。茶室の床の間の花をひきたたせ、心ゆくまで鑑賞するために無駄なものを捨ててしまうのです。それが「一花開いて世界起る」ということです。

『心のことば』

華

花ひらひて
實をむすぶ

好胤

泥沼をくぐりて清き蓮の花。

植物は花のあとに実がなりますが、蓮は咲いた花の中にすでに実ができています。花が咲けばかならず結実する、無駄花《むだばな》がない、これが確実な花として蓮が尊ばれている理由です。

さらに泥の中に育っても泥に染まらず、美しく開花するからでもあります。

『心のことば』

水を飲んで蛇はそれを毒にし、
牛はそれを乳にする。

花を見る心があれば花はどこにもあるし、教えを得たいという気持ちがあれば教えはどこにもあるのです。

教えを聞いてつまらないと思うのは、そうとしか思えない心の容積しか持ち合わせていないからです。冒頭の教えですが、毒にするか乳にするかは人それぞれの心のありかたによって決まってきます。受取りかたの訓練、生かしかたの訓練、それが宗教的訓練であり、宗教的心です。

『心のことば』

恩は石に刻《きざ》め、恨《うら》みは水に流せ。

お蔭《かげ》を心にとどめる、これが恩です。

わかりやすくいえば他人様にしてもらったことをいつも覚えているということです。われわれは、他人にされた恨みは覚えていますが、してもらった恩はすぐ忘れる。また、他人にしてあげたことはたった一つのことでも、四つも五つもしたほどに思い、覚えています。けれども、してもらったことはあまり覚えていないのです。それこそ恩を水に流して、恨みを深く石に刻み込んでいるのが私たちです。

『まごころ説法』『心のことば』

鉄の錆《さび》は、鉄より出でて、鉄を滅ぼす。

お経の中のお言葉ですが、これがいろはかるたの「身から出た錆」になります。欲は人の身から出て、その人を滅ぼすのです。それをほどほどに調節するのが人生の修練です。

『心のことば』『まごころ説法』

覚えがないのと、
事実ないのとでは大違いです。

「あいつは殺生《せっしょう》な奴だ」と他人のことは言いますが、自分の殺生には気づきません。「殺生した覚えはない、人に迷惑をかけた覚えはない」などとうそぶける私どもではありませぬ。

覚えがないのと、事実ないのとでは大違いです。事実は大有りのこんこんちきです。それを私どもは自己観察が浅いから、殺生した覚えなどないとうそぶけるのです。

生きものの命を殺さずには、一分一秒たりと生きていけない私どもです。

『まごころ説法』

喜びを食《じき》とする。

たとえ口に入れるものはなにもなくとも、私は喜びを食として生きるということです。これを法食《ほうじき》といいます。

小僧のころ、もっと栄養とカロリーのあるものを食べたいと師匠に不満を漏《も》らしていた私も、いまは、「喜びと感謝と敬いの心を持っていただきます」という食事前の言葉でお箸《はし》を取らせていただいております。

『心のことば』

「べい」は薬師如来の御真言です。

薬師如来は、「薬を与えて、人々の悩みや苦しみ、病気を治して下さる」というので、お医者さんの王さんで、医王如来と申します。病に応じて薬を与える。これを対機説法と申します。対機説法というのは、人《にん》見て法を説く、ということです。

『薬師寺・好胤説法』

「山があるから登る」というのは、
果して正しいでしょうか。

山があったら誰でも登るかといえば、登ろうという心がなければいくら山があっても登らないのです。

またデパートで万引きしてつかまったとき、「そんな気はまるでなかったのに思わず知らず手が出てしまった」というような弁解がされるそうですが、その場合でも、万引きしようという心の動きと万引きという行為のあいだが間《かん》一髪《いっぱつ》を容れないほどの短時間だったため本人はそう誤解しているのであり、心がその前に動いているのです。盗み心があって、そしてのち手が出たのです。また、「見ぬ恋はおこらぬ」ともいいますが、これも恋心があればこそ条件にかなった美人があらわれて恋をするのです。

『心　第二集　曲り角に立つ日本人』

「病《やまい》は真の善知識《ぜんちしき》」と申します。

善知識とは尊いお師匠さんということです。お互いに苦労をしなければ、苦労をしている人の気持ちはわからないでしょう。病気をしたものにしか病気を通した健康の喜びを味わうことはできますまい。ほんとうの人生のありがたさを教えてくれるのは病気なのです。

『心をむすぶ』

朝《あした》に紅顔《こうがん》ありて夕べに白骨となる。

蓮《れん》如《にょ》上《しょう》人《にん》のお言葉です。美しいものはうつろいやすい。若いと思っていても、いつ死が訪れるかわからない。だからこそ、今日いまというこの時間を大切にしなければならないという教えです。

これは諸《しょ》行《ぎょう》無《む》常《じょう》ということになります。

『心のことば』

死というのは本当に瞬間です。

枕経《まくらぎょう》というのは死んでからあげてもらうお経だと思われておりますが、あれは本当は生きているうちにあげるものではないかと私は思います。私の経験上、病気のお見舞いに行ったとき、その人はもはや臨終に近い状態だったので、見えすいた慰めなどいうことができませんでした。

そこで私は思わず「般若心経」をあげました。すると、病人の顔にすっと安らいだ表情が浮かんできたのです。家族の人にいわれて、私は「般若心経」を繰り返し繰り返しあげたものです。

このようにお経を聞きながら最期の息をひきとるということはよくあります。死というのは本当に瞬間です。人間は楽しい時間は短く感じ、苦しいときは長く感ずる。客観的に見て、たとえ一瞬ではあっても、その最後の一瞬に枕経を聞いて安らぎの旅に出かけられるかどうか、というのは大変重要な問題だと思うのです。

『心　いかに生きたらいいか』

求むれば
求むるほど
菩提への道は
愈々遠くなる
されどこの道を
行く
好胤

われが死んだといわれる日が必ずくるのです。

『まごころ説法』

悟りとは決心することである。

私は、悟るとはどういうことかということを、つねに自らに問いかけております。

けれども、悟ったことがないものが、それを的確に把握《はあく》させていただくなんて、とてものことではありません。

そんな私が、昭和四十六年に初めてインドの佛蹟《ぶっせき》を巡らせていただいたとき、ブッダガヤの聖地へお参りしたときの宿で一夜が明けた朝でしたが、「悟りとは決心することである」との思いに、つき上げられる思いで目が覚めたのでありました。

『まごころ説法』

よき友は心の花の添《そ》え木かな。

『心のことば』

親から子に

心に種をまく。

私がこれまで宗教者として情熱を注いできたのはお写経運動と修学旅行にやって来る生徒たちに話をしてきたことだと思います。

私自身はそうやって佛心《ほとけごころ》の種を子供たちの心の中にまいていたつもりなのです。それは本当に小さな一粒の種にすぎないけれども、子供たちの心の中に植えつけられたのだと思っております。

そして、ある年の秋の修学旅行シーズンが終わった十一月の半ばすぎだったと思います。

まったく突然胸がこみあげ、突き上げられるように涙が溢《あふ》れて来たのです。初めての経験でした。それはどうやら苦労によってのみ得られる、眼に見えない幸せを感ずることができる、心の養いを思っての涙でありました。それまで私は子供たちに種をまくつもりで話をしてきましたが、それは思い上がりで、まかれていたのは私自身でした。それを無意識の底で目覚めさせてもらった涙でもありました。

『心のことば』『心　いかに生きたらいいか』

学ぶということは真似《まね》ることにはじまる。

子供は親の言うことを聞くのではない、親のする事を見よう見まねで真似て学ぶのです。

ご飯の食べ方でも電話のかけかたでも、気がついてみると子供が自分にあまりにも似ていて嫌になることがあります。

だから、子供がいうことを聞かなかったら、ヒステリーを起こす前に、ああ、これは私の子供に間違いない、私のやってきた歴史をそのまま繰り返している、と思うべきなのです。

『親の姿　子の心』『心のことば』『心　いかに生きたらいいか』

教えるということには
ムチが必要だということです。

なにげなく私たちが使っている漢字にはいろいろな教訓を含んでいますが、私がここで取り上げたいのは、その「教訓」の「教」という文字です。

「教」のつくりの「攵」を分解しますと、「ケ」と「乀」になります。この場合、「ケ」はムチを表わし、「乀」はムチを持つ手を意味しています。

つまり、教えるということにはムチが必要だということです。

親が子供をしつけるときにもムチはいるのです。物としてのムチでなく、心のムチは少なくとも持ってもらいたい。それができないというのは教育に熱意のない証拠です。


『心　いかに生きたらいいか』

個性尊重という名のもとに
個性を冒瀆《ぼうとく》している今の時代です。

現代は個性尊重の時代だからとそれをふりかざして、持って生まれた子供の個性を伸ばしてやるのが親の務めであるとばかり、躾を身につけ訓練を施《ほどこ》すこともしないで、それがあたかも個性尊重であると思い違いをしている親御《おやご》さん達が多いようです。どうかよくお考えになってみてください。訓練のない所には個性はございません。個性は訓練によって磨《みが》き出されてくるものです。訓練なき所で個性だと思っているのは実は野性です。

やはり訓練を、躾を、ちゃんとしてもらわんことには、個性を冒瀆することになります。

『親の姿　子の心』『まごころ説法』

親の姿こそが子供の心を
生み育てるものである。

後ろ姿で子供を導く、これが親の値打ちであります。けれどもそういう値打ちの足りないのが今日お互い私ども親であります。

また、子供は親のいうことを聞くものではありません。どなたにも覚えはあると思うのですが、親にひと言いわれて、それで「はい」とすぐ聞くような、子供心というものはそれほど単純なものではないのです。

ただ、親のいうことは聞かないけれども、親のすることはいつとはなしに真似するものです。

いまからでも遅くありません。「お早うございます」「おやすみなさい」、それに「いただきます」「ご馳走《ちそう》さまでした」ぐらいは、せめていうようにしようではありませんか。

『親の姿　子の心』『日本人らしく』

熏習
好胤

香を焚《た》くとそれが部屋に漂い、やがて人の衣服に染み込みます。それを熏習といいます。言葉で教えるのではなく、その人がそこに存在するだけで教えになるのです。日常のなにげない振舞いの中で、自然に教えることも教わることもあるのです。

親の姿も、いつしか子供の心に熏習されます。いいことだけでなく、悪いことも熏習されるわけで、知らず知らずに親に対してしていることが、やがて自分に返ってくるのです。

つまり、自然に心の奥底に染み込む教えということであります。

『心の添え木』『まごころ説法』『心のことば』『心　いかに生きたらいいか』

母

もろひとよ
思ひ知れかし
おのが身の
誕生の日は
母苦難の日

好胤

誕生日というとみんなが祝福してくれるものだと思っています。プレゼントが不足だと文句をいったりもしますが、よく考えてみますと奇妙な風習ではありませんか。感謝されるべきは生み育ててくださった両親のはずです。特に胎内に宿してくださった三十八週間、いわゆる十月十日《とつきとおか》の苦労、そして胎外《たいげ》に出る瞬間の母親の苦痛こそ思われるべきではないでしょうか。

『心のことば』

だれも殺生《せっしょう》と無縁ではない。

人間としていちばんしてはならぬことは殺生です。生きものの命を殺すということです。けれども殺さないで生きている人が果たしてあるか。殺して殺して、はじめて私たちは生きることができるのです。

人間が人間として生きていくためには、牛も豚も魚も殺さなければならない。他の命の犠牲をいただかなければ、私たち自身が生きていくことができない。これが私どもの〝業《ごう》〟です。

だからこそ昔の人は、無駄《むだ》な殺生するが殺生、と少しでも殺生を少なくする生き方を私どもに教えてくださっています。

『まごころ説法』『親の姿　子の心』

母親の子供への愛情は無償の愛です。それは酬《むく》われることを期待して行なわれるものではありません。けれども、それは必ず酬われる日が来るのです。

『心　いかに生きたらいいか』

家庭の中における父親の立場というのは、常に微妙なものだと思います。
母親は子供と父親との素晴らしい愛情の翻訳者であってほしいのです。

『心　いかに生きたらいいか』

心さえあれば形はどうでもよいという人がよくありますが、そんなことはありません。いま家庭で親が存在感を失っているということは、親が親としての姿かたちを失っているからです。

親は子供に理解される親にならなくてもいいのです。どうせ理解などというものは不確かなものです。理解している、理解しているといいながらどれほど誤解していることか。我々は誤解を理解と思い違いをしているだけのことで、この世の中はそう簡単に理解などできるものではない。みな誤解です。親は親の姿をとりもどさねばいけません。形が心を生み出すのです。生み出された心が形を作りだすのです。形と心は別のものではありません。

『悟りとは決心すること』

「観」という字は、
智慧《ちえ》の働きで見るということ。

いうなれば心の目で色なき色を見、音なき音を聞くということです。

「見る」というのは肉眼で形あるものを見る場合に使います。

母親は子供の顔をちらと見るだけで、「どこか悪いんじゃないの」と他人には分からないことを観《み》ます。そういう医者にもわからないところを察するというのが本当の親の愛です。「観る」というのは観音の「観」ですが、子供にとっては母はまさに観音様なのです。

観音さまはあるときは婦女の姿になり、あるときは長者の姿になり、といったぐあいに、その人を導くのに最もふさわしい姿に化身《けしん》して、私どもを悩みや苦しみから救ってくださいます。

『まごころ説法』『心　いかに生きたらいいか』

愛は辛抱です
愛は感謝です

好胤

子供の心中《しんちゅう》に永久に生きる——それが母親です。

『心 いかに生きたらいいか』

いまは邪淫《じゃいん》の時代でありすぎます。

私どもは男女の交わりを本当に真剣に考えなければならない。仙人といえども女性に魅かれ、術の力を失うことがある。まして私どもに淫欲《いんよく》があるのは当たり前です。ただ、それをどう調節するかが問題となってきます。

今日はあまりにも淫欲のおもむくままに行動し、身を滅ぼしている人が多いのではないでしょうか。

『まごころ説法』『日本人らしく』

德不孤
好胤

徳を行なっているかぎり、人は決して孤立するものではないという意味です。

『心の添え木』

心

よろこびと
感謝と
敬ひの
こころなり

好風

これが日本人の心であり、この心から生まれてきたのが、日本の文化です。このうるわしい国土を恨《うら》み合いの世の中に陥《おとしい》れることのないように、ご先祖さまからのいろいろなお教えを、慎《つつし》み深く謙虚にいただくことの大切さに気づきたいものです。

『心の添え木』

「もったいない」ということと
「無駄」ということの違いは何だろう。

もったいないとはいかなることかとたずねられても、なかなか理屈で説明できるものではありません。もったいないというのは言葉でなく気持ちです。

こういうものは言葉の上で理論的に説明しようとしてもできないのであって、「もったいない」ものはもったいないのだと意識以前の無意識のうちに子供の心の中に培《つちか》ってもらわなければなりません。「もったいない」「おかげ」「ありがたい」というような言葉は心の問題であり、感謝する気持ちを理解できない者には所詮《しょせん》縁がないのであります。

そういう人たちは「もったいない」といわずに「無駄だ」といいます。この二つの言葉のあいだには天と地ほどの懸隔《けんかく》があると思います。

『心をむすぶ』『心　いかに生きたらいいか』

有《あ》り難《がた》いことが有り得ていることのありがたさ。

寺の小僧修行はそれは辛いものでした。そんな夜は、「お父ちゃんさえ生きていてくれたら……」と枕を涙で濡らしたものでした。
両親がそろっている人はそのことを当然のように思っていますが、親がいてくださるというのは本当に有り難いことなのです。有るのが当然ではなく、いつまでも両親がそろっているのは難しいのです。有り難いことが有り得ていることに感謝しなければなりません。

『心のことば』

言葉なき
言葉を聞く

好胤

檀家《だんか》制度というのはいいものだと私は思っています。いかなるときも来世に行くまではお経をあげてくださる。また、お彼岸《ひがん》にもお盆にもお命日にも、家族が忘れていてもご回向《えこう》のお勤めをしてくださいます。こういう「ご催促のないところを大切にする」ということが、まつりごとの一番肝要なところです。

亡き人の見えてこないお姿を見、聞こえてこないお声をお聞きするという、冥々《めいめい》たるを観る、声なき声を聞く、これがまつりごとの基本精神です。ご催促のないところをこそ大切にしなければなりません。目に見えて、大きな声で催促するところへのみ心奪われているのが今の世の中です。

『心のことば』『親の姿　子の心』

ふるさとはありがたい。
私どもをよみがえらせてくれる働きが、
ふるさとという風土です。

「ふるさとへまわる六部《ろくぶ》の気の弱り」

こんな句をどこかで見ました。ふるさとを捨てて旅に人生をすごす一類の人々を六部といいます。その六部さんでも、最後はふるさとへ足が向くというのです。

『まごころ説法』『悟りとは決心すること』

自覺

好胤

人間の目は外を向いてついていますから、外はよく見えるわけです。それだけによほど気をつけないと自分自身の内をみることがなかなかできません。

『心をむすぶ』

親は苦労する、子は楽をする、
孫は乞食をする。

親が苦労して子供を楽にさせてやりたいと、それは結構ですが、させすぎるとかえって子供はのちのち無慈悲に堕《お》ちてゆくことになりかねません。

なまはんかの親の慈悲は子の将来にとってかえって無慈悲になります。ときには心を鬼にする必要があるのが本当の親心です。親の真の優しさは厳しさの中にこそあります。『悟りとは決心すること』『心のことば』

苦労と仲よく
すれば
苦労が味方して
きっと
助けてくれます

好胤

さしたる苦労もなく、辛抱《しんぼう》らしきことにも乏《とぼ》しい私が、早く父に死別して寺の小僧に拾われ、養育のおかげを頂戴《ちょうだい》してきた、そんな自分への人生訓である。苦労に落ち込んで人生を愚痴《ぐち》り、暗くしないように。

人は一所懸命に努力すれば、つまり苦労と仲よくすれば、苦労が味方して、きっと助けてくれる。そんな思いがはらわたの底から湧き出てきてくれるものです。

『心の添え木』『まごころ説法』

楽は苦の種、苦は楽の種です。

今生《こんじょう》で他人を犠牲にして自分が楽をする、おのがじし極楽を求めて他の命《いのち》を地獄の底に落とし込む、その報《むく》いは一千二百五十万年の苦しみになって返ってくるといわれます。

それに比べたら、人生五、六十年の苦労など何でもない。どうか苦労と仲ようなってください。すると苦労が私どもの味方をして、助けてくれます。

『まごころ説法』

忍をもって鎧《よろい》となす。

『大智度論《だいちどろん》』の中にこの言葉があります。

怒っている人に怒りをもって返さないことが真の勝利なのです。

「忍ぶ」というのは、「屈従」とか「屈服」という意味でないことは、その文字から察することができます。刃の下に心がある――刃にも剣にも負けない心がなければ「忍ぶ」ということにはならないのです。忍ぶ心を持つ者こそ本当の強者なのであり、人生の勝利を得るのだということを知らねばならないのです。


『心のことば』『日本人らしく』

個性は野性ではない。

いまの時代は個性尊重とよくいわれます。生まれたものをそのまま伸ばしてあげるのがなによりもの個性尊重だというのですが、本当にそうでしょうか？

訓練なきところに個性はなく、それは単なる野性にすぎません。いうなれば原石です。生まれ持ってきた個性を訓練し、トレーニングすることによってそれは磨かれ、よき個性として輝くのです。持って生まれた個性がいいものだけならともかく、悪い個性も一緒に持って生まれるのが私たちなのです。個性には伸ばしてあげなければならない個性もあれば、摘《つ》み取らなければならない個性もあることを知っておくべきです。

個性と野性を混同してはいけません。

『心のことば』『まごころ説法』

非行化しているのは子供の方ではなく
おとなの方です。

子供は常におとなの心の鏡です。むしろ、私は今日の世の中はまことに子供たちに対して無慈悲だと思います。たとえば、子供にとって最も必要な広場というものを与えていない。私たちが子供のときは道ばたで鬼ごっこや隠れん坊ができた。

子供の遊びをおとながとりあげたわけです。与えるものは与えず、子供のものはとりあげ、一方では子供を利用している。

これが現在の子供に対するおとなの姿であります。青少年の非行化というのは、つまりおとなの非行を映している姿です。

『心　いかに生きたらいいか』

智慧は知識を磨き、
無我は自我をいかす。

ここで私たちが考えなければならないのは、知識と智慧ということであります。

いまの人たちは知識を多く身につけることがよいことだと思っている。そして、まるで成り上がり者が勲章で身辺を飾りたがるように知識の断片で身を飾る。

だが、心の伴わない知識はいくら多くともなんの価値もありません。かえって知識が多いというそのことにとらわれ、ものの本当の姿を見失うということになります。

『日本人らしく』

自利《じり》はトレーニング、利他《りた》はサービス。

自利は自分のため、利他は世のため他人のためということですが、英語でいえば自利はトレーニング（修練）、利他はサービス（奉仕）ということになりましょうか。すなわち、トレーニングによって身につけたものを世のため人のためにサービスすることが菩薩道《ぼさつどう》だということです。

換言《かんげん》すれば、トレーニングなきサービスは本当のサービスではないということになりますが、最近はこういう儀礼的、習慣的なサービスや奉仕が多くなったように思われます。

とにかく、自利――自分のトレーニングに励み、利他――世間様にサービスするということに目覚めたいものです。

『心のことば』

人生曼荼羅

好胤

我々は、きれいな心になりたい、なりたいと
思いながら、汚れた心に汚されていくのです。

『まごころ説法』

眼の前にいる相手はほめやすいものですが、
陰にまわって第三者にほめ言葉を伝えるのは
むずかしい。

人というものはともすると面と向かっては心にもないお世辞《せじ》をいうものだ。ところが、そうやって甘い言葉をかけておいても、裏にまわって悪口をいう。

しかし、面と向かっては他人が遠慮して口にしない批判などするくせに、裏にまわってその人をほめている場合もあります。そのことがわかったとき何ともいえない感動があり、友情が深まるのです。それが道元禅師の「面《むか》わずして愛語《あいご》を聞くは、肝《きも》に銘じ魂に銘ず」ということです。

それが本当の心にしみ入る言葉となるのです。

『日本人らしく』

女の賢《かしこ》いのと東の空の赤いのはなんにもならない。

西の空が赤いのは鰯《いわし》が捕《と》れる前兆《ぜんちょう》だといわれているが、東の空の赤いのと女の賢いのはどうしようもない、という意味です。

この場合の賢い女というのは知識や賢明さをまるで装身具のように体の外側に飾り立てている人のことです。

女も本当に賢ければべつだということです。単なる知識だけでなく、その知識に知慧がともなってこそ真に賢い女ということになるのです。

『心のことば』『心　いかに生きたらいいか』

「世の中は娘が嫁と花咲いて、
かか（嬶）としぼんで
ばば（婆）と散りゆく」です。

これは諸行無常《しょぎょうむじょう》の教えです。世の中に永遠の美、永遠の若さなどありません。形あるものは常に変わってゆきます。生滅変化《しょうめつへんげ》、刹那《せつな》生滅《しょうめつ》を繰り返しての存在なのです。

老人の姿は明日の自分なのだということを知ったうえで、自分のこととして年寄りを尊敬しなければなりません。それがまた自分自身の老後のためになるのです。

『心のことば』『日本人らしく』

克己
好胤

一つの欲望が満たされても、決してそれに満足することなく、つぎなる新しい欲望が湧いてくる。そのように欲望は無限なのですが、その無限の欲望を胸に抱いている私たちを住まわせてくれている地球というものは、これは限りあるものです。いわば限りあるもののうえに、限りないものがひしめきあいながら住んでいる。無限のものを有限のものに乗せようとしている。

いま私たちはみずからの欲望ゆえに、みずからの生存の場を破壊しつつあるのです。

私たちの人生もまた有限なるものでありますが、みずからの邪《よこしま》な欲望を抑《おさ》えることによって、それを永遠なるもの、無限なるものにすることができます。

自分の邪悪《じゃあく》な欲望にうち勝つということです。それこそが千人の他人に勝つよりも真の勇気を必要とするのです。

『日本人らしく』

よろこびと
感謝と
敬ひのこころ

好胤

いま食膳におかれた一箸の食べ物さえも、数多くの人々の努力のおかげによるものだ、それを思えば掌《てのひら》を合わせないではいられない……、そういう心ができ、「もったいない」と思う心があれば、おのずから物を大事にするようになるものです。

『日本人らしく』

過ぎたるは及ばざるよりなお悪し。

食事をとるときは良薬を飲むように、分量と時間を間違えないように心がけなければならない。そうすれば、肉体的な苦しみから救われます。食べ過ぎることがさまざまな病気の原因になるのです。

睡眠薬は眠るための薬ですが、もっと長く眠りたいと欲を出して飲みすぎれば永眠薬になります。

何から何まですべてがあり余りすぎている今の世の中、それがかえって私たち人間から苦しみに耐える力の養われを失わせています。

余程《よほど》しっかりと自覚しなければ後生《ごしょう》恐ろしいではなく、おぞましくさえある時代になってまいりました。

『心のことば』『親の姿　子の心』

「業《ごう》」はすべて心の中に刻《きざ》みこまれるのです。

業とは私たちみんなが体で行なう身業《しんごう》、言葉で語る語業《ごごう》（口業《くごう》ともいう）、心であれこれ思いめぐらす意業《いごう》をひっくるめたすべての行為をいいますが、こうした行為は行なうと同時にその場ですぐに消えてなくなってしまうものだと誰もがそう思っています。

しかし、決してそうではありません。すべてそれを行なった人の心の中に印象として刻みこまれるのです。ただ心で思っただけのことでもまた心の中に印象として記憶されてゆきます。それのみならず無意識に行なっている行為もやはり記憶の中におさめられてゆくのです。そして、それがその人の人格を形成してゆきます。

私たちがいまこうして存在するのは過去のもろもろの行為の結果なのです。

『親の姿　子の心』『心　第二集　曲り角に立つ日本人』

あるべきようは。

人というものは自分より美しいものを見れば嫉妬《しっと》し、金持ちを見れば羨《うらや》み、高価なものは欲しくなる。隣の子供の頭がよければ憎み、同僚が上司に眼をかけられているといっては足を引っ張ろうとします。必要な努力をする以前に、競争社会ではそういう陰湿《いんしつ》な心を抱きやすいものです。

そういうとき、どうか明恵上人《みょうえしょうにん》（一一七三～一二三二）の冒頭の七文字を思い浮かべてください。わかりやすくいえば「らしくあれ」ということだろうと思います。今の世の中、まことに「らしさ」を忘れている時代というべきで、先生は先生らしさを忘れ、生徒は生徒らしさを忘れ、親は親らしさを忘れ、子は子らしさを忘れているのです。

『心のことば』

子供の心は親の姿色《すがたいろ》に染まります。

親の姿が子の心に温かい色を染めなしてくれることは確かです。

親の姿にもからだでする姿のみならず、言葉での姿、また心であれこれ思いめぐらす心の姿がある。そのすべての姿、つまり行為が、子供の心をあやに色染めなしあげていくものである。

温かい愛情、感謝の気持ち、尊敬、親しみの思い。こういう心は理屈ではなく、親の姿で子供の中に根づかせてゆく……日本人にとって大切な心の伝承として、家庭生活の中に養っていただきたいと思うのです。

『親の姿　子の心』『まごころ説法』『新潮45』（昭和63年3月号）

まかぬ種は生《は》えぬ。

佛教もまた奇蹟《きせき》は説きません。あくまで因縁因果《いんねんいんが》の教えです。それはつまり「まかぬ種は生えぬ」ということで、すべての存在は必然的な関係において存在しているのです。

ところが、原因があったら必ず結果があるかといいますと、ここに縁《えん》の働きがなかったら、結果は生まれてはきません。これを「縁缺不生《えんけつふしょう》」といいます。縁の働きを得て因が果に導かれます。

「あそこに来たら、ばったり会いましてな」というようにいいますが、そこで逢うべき業または縁の働きを過去からいただいているからこそ結果に巡り合っているのです。

我々は偶然という言葉を日常、安易に使いますが、これは必然的関係をわきまえないということです。世の中には縁缺不生の輩《ともがら》がたくさんいるのです。

『心のことば』『まごころ説法』

日本人へ

おかげさま。

日本人の宗教的な土壌はなんだろうかといわれれば、一言でいえば「おかげさま」ということになるのではないかと私は思います。漢字にすれば御蔭様で、神佛のお加護《かご》という意味を持っています。初めての、会うたことのない人でも、「おかげさまで」とよくいわれます。

つまり、この「おかげさま」がなにに感謝しているかといえば、それとは意識して使いませんが、神や佛、世間様への感謝の気持ちなのです。

お蔭さまなしに、天地自然のお恵みをいただかなくて存在している人など、誰一人おりません。一瞬一瞬、一刹那《せつな》一刹那がそうです。

『心のことば』『心をむすぶ』『まごころ説法』

最小の効果のために
最大の努力を惜しまない。

今日の世の中はあまりにも最小の努力で最大の効果をねらう者が多すぎます。努力するのはなるべく少なく、得るものはなるべく多く、これが能力主義という名のもとに行なわれているわけです。
だが、最小の効果をあげるために最大の努力を惜しまない人間精神の尊さを忘れては、本当の世の中の幸せや、進歩、発展はありません。

『心　いかに生きたらいいか』『まごころ説法』

和敬
好胤

思いやりの心がなくなったとき、
この世は砂漠《さばく》になります。

『心　いかに生きたらいいか』

ささいなことの中に大きな真理がある。

いまの世の中は、手をとり足をとるようにしないと教えてもらったような気がしないらしい。あくまでも受け身の教えられ方で、自分から求めて積極的に教えを請《こ》うということがない。

禅宗のお坊さんの教え方は、たとえばこうだったのです。

――朝、顔を洗うとき、私が残りの水を捨ててしまわずに畑にまいたのを見たはずではないか。ああ一滴の水もおろそかにすべきではないのだな、という教えをその姿からなぜ聞かなかったのか。

ささいなことであるけれど、ささいなことの中に大きな真理がある。ささいなことの中に大きな教訓を見るか見ないか、それは、その人の心がきめることなのです。

『日本人らしく』

吾れ唯《ただ》足るを知る

初心に帰る、あるいは原点に帰る――という心がまえは非常に大切なことだと思います。人というものは自戒《じかい》して生きているつもりでも無意識に贅沢《ぜいたく》になっていくものです。

『心　第二集　曲り角に立つ日本人』

知らないで犯している罪が恐ろしいのです。

私は神さんや佛さんにおわびしなければならないような悪いことをした覚えがない、こういうふうにうそぶかれるお方がある。けれども、事実ないのと、覚えがない、自覚していないというのでは大変な違いです。

私どもがどんな尊い、清らかな行為をしたとしても、その底には他の犠牲が潜《ひそ》んでいます。自分が無意識に発した言葉が、人を傷つけ殺《あや》めていることもしょっちゅうあります。

人はみな罪のかたまりみたいなものです。それに気付かないで、自分は善人だと思い込んでいるだけです。

つまり、自覚が足りないあいだは善人でいられるのです。

『まごころ説法』『悟りとは決心すること』

働くは、傍《はた》楽《らく》ということです。

お線香はいい香りを周辺にあまねからしめるものでありますが、やがて自分は燃え尽き、ポトリと灰になってくずれ落ちます。そして、そこに思いを残さない。自分はだんだん燃え尽きるけれども、馥郁《ふくいく》たる香りの喜びを周辺に与え、心をいやし、慰める。これが菩薩《ぼさつ》の尊いご修行の精神であります。

私どもの生き方も、そうあらねばならないのだ、という教えをいただくということです。これが〝働く＝傍楽〟ということです。傍というのは、世間さん、ひとさんのこと、その世間さんに幸せになっていただく、楽になっていただくお手伝いが、働くであります。

いま、私どもの社会には、働くという心が失われています。

『まごころ説法』

世間というのは、
遷《うつ》り流れてつねに変化してやまない
迷いの世界をさす言葉です。

人間は、悲しいことに出あっても、決してそれが永遠の悲しみではないことを、また嬉《うれ》しいことがあっても、それが永遠の喜びではないことを、腹の中にしっかりと固《かた》めておかなければなりません。諸行《しょぎょう》無《む》常《じょう》の世の中です。

世の中はすべてのものは移り変わってやまない。だから、一生懸命努力しなさい、怠《おこた》ってはならないということであります。

『悟りとは決心すること』『心　いかに生きたらいいか』

心にかなう適度《ちゃくど》こそ欲愛の第一なり。

佛教は無欲を教えますが、この無欲は「欲望の悪《あ》しき営み」を捨てなさいということで、適度なる欲望の調御《ちょうぎょ》によって人間生活は豊かな調和がいただけるのです。たとえば、適度な食欲こそが私どもの健康の基本です。

いま日本人は身のほどを忘れて後生《ごしょう》恐ろしいようなことばかりしています。

『心のことば』

空即是色

色即是空

好胤

眼に見える物の世界、眼に見えぬ心の世界、この「色《しき》」と「空《くう》」とが一体となり、豊かに調和して「色即是空」となるのです。この調和の大事さを「般若心経《はんにゃしんぎょう》」は説いています。

しかし、今日の世の中はあまりにも眼に見える物の世界にしか人生を感じなくなっています。いまのこの世の中は、いうなれば、色即是《しきそくぜ》色《しき》ということです。

この「色即是色」の世界観、人生観をふりきらねばなりません。しっかりと「色即是空」の生活を確保することが急務なのです。

『日本人らしく』『心をむすぶ』

人間というものは、
ものを食べすぎると怠《なま》け心が出てくるのです。

なぜ食べすぎるかというと、あまりおいしい料理にしすぎるからなのだそうです。現代人の食べ方をみると、喉《のど》もと三寸、舌先三寸におもねっている。これは自殺行為に等しい。人間ほどアホな食べ方をしているものはいない、というのが川島四郎先生（食糧産業研究所長）のお話でした。

「過ぎたるは及ばざるよりなお悪し」であります。

われわれは、どうもぜいたくにおいて、度が過ぎているのではないか、そういう気持ちがいたします。

『心をむすぶ』

無我《むが》とは何かというと、
これがなかなかわからない。
私はあっさり「それは相手さんをたて、
人さんを立てることだ」といっております。

無欲が欲望をすべて捨てろということでなく、それを正しく生かせということであるように、無我もまた自分を全部捨ててしまえということではありません。自分は生きているのではなく生かしてもらっているのだ、大勢の人たちの情、天地自然の恵みによって生かしてもらっているのだ、ということに目覚めることが無我なのです。

『心　第二集　曲り角に立つ日本人』

非道というのは
人の道にはずれた行為のことで、
「あいつ、ひどい奴ちゃ」の「非道い」は
ここから来ています。

世の中には法律に触れなくとも人の道にはずれたことをして金を儲けている人が多くいます。法網を巧《たく》みにくぐって甘い汁を吸う。悲しいことに、そういう人間を甲斐性があると称賛するような傾向もないこともありません。

『心　第二集　曲り角に立つ日本人』

塵を拂ひ
垢を除かん

好胤

過去を背負っていない者はありません。みんな過去を背負っているのです。

その過去を、今日我々の努力によってどのように受け止め、どのように生かして行くのかというその今日、現在が未来を明るくもし、豊かにもし、貧しくもし、暗くもするのです。

『悟りとは決心すること』

「罰《ばち》は目の前、あたるが早い」と言います。

そういうようにいま言ったことが次の瞬間、パッと結果が出る、現世に結果が出る、これを「順《じゅん》現業《げんごう》」と申します。いまやったことは原因で、それに条件、縁《えん》が働かないと結果が出てこない。それは必ずしも、いま目の前に出るとは限らない。死んでからそれに縁が働いて結果が出る場合もあります。

『心をむすぶ』

「いづくにもあれ、しばし旅だちたるこそ、
めざむる心ちすれ」と兼好法師が
「徒然草」の中で教えてくれております。

どこでもいいじゃないか、旅は人生に新たな目覚めを与えるものだということです。私も一人の人間として、日本人として、随分《ずいぶん》旅に人生を学ばせてもらいました。

『心　いかに生きたらいいか』

志於道
游於藝

好胤

暇《ひま》そのものが堕落《だらく》をもたらすのではない。暇を有効に生かすことができず、暇をもてあました結果、堕落が始まり、俗化《ぞっか》の現象があらわれるのです。

『心　いかに生きたらいいか』

自由というのは
放縦《ほうしょう》ということではありません。

自由は制約なり、という定義があります。制約と自由とは矛盾するようですが、社会生活をしている以上、社会的ルール（つまり制約）に従ってこそ、自由が保証されるということになります。

現在、私たちは列車や電車に自由に乗ることができます。ただし、一定の時間に決まったレールの上を走り、決まった駅に止まるという保証がなければ、私たちは自由に利用することはできないわけです。

自由というのは放縦ということではありません。勝手気儘《きまま》とは違います。

決められたルールを守ること、義務を守ること、これが「持戒《じかい》」であります。

『心　いかに生きたらいいか』

見上げる心から本当の友情というものは
生まれてくるのだと思います。

一生懸命に努力している姿――それは菩薩の姿です。私がこうして物を書いている姿も菩薩であれば、それを熱心に読んでいる読者も菩薩ということになります。日常生活の中で努力している人はすべて菩薩です。

……といったからとて、「俺は菩薩だ」などと威張《いば》ってはいけない。自分が菩薩であれば、隣の人も菩薩。みんなが菩薩ですから、お互いが尊敬し合い、価値を認め合って見上げる心から本当の友情というものは生まれてくるのだと思います。

いまの世の中は「見上げる心」より「見下げる心」の方が何と多いことでしょうか。

それが、どんなに今日の世を住みづらくしていることでしょう。

『心　いかに生きたらいいか』

人間というものは孤立的に、非社会的に、
生きていけるものではありません。

誰の干渉《かんしょう》も受けたくない、といってみてもそういうわけにはいかないのです。親子の縁を切り、兄弟の縁を切って一人で生き、一人で死んだとしても、その遺体を処理したり、戸籍係の世話には最低ならなければならないわけです。

本当の意味での自立というのは、社会的な連帯の中からこそ生まれてくるものだ、ということを知るべきでしょう。

『日本人らしく』

無我
好胤

「負けるが勝ち」というのは敗北主義を賛美するのではなく、人間の心の余裕、心の温かさを賛美しているのであり、それこそ人生の真の意味での勝利への道なのです。

『日本人らしく』

赤い石を踏むな。

昔、飛脚《ひきゃく》という職業がありました。ある飛脚がもう少し早く手紙を運べないかと考え、ある有名な学者のもとへ相談に行ったのです。学者はしばらく考えて、やがてポンと膝《ひざ》をうち、こういいます。

「お前、走っているうちに道端《みちばた》の赤い石を踏んでいるのではないか。だからおそいのだ」

こうして、その次からは、行きも帰りも赤い石を踏まないように注意しながら走ったのです。そうすると不思議なことにこれまでどうしても短縮できなかったのに、半日以上も早く着くことができた。

これまでは一生懸命に走っているつもりでも、知らず知らずのうちに周囲の景色に気をとられていたのです。足もとだけに注意を集中すれば、もっと早く走れるはず。といって、はっきりそういえば、またそのことにとらわれる。私たちは無意識のうちに多くのものにとらわれ、大事なものを見失っているのです。

『日本人らしく』

百年悶《もん》々《もん》として生きても、
時間がただ長いからといって尊いのではない。

たとえ長生きして百年生きたとしても、心に静けさというものがないならば、静かな思いをもって、たった一日を送った人にも及ばない、という教えが『法句経《ほっくぎょう》』の中にあります。無駄《むだ》な百年よりは価値ある一日を過ごせ、ということです。

そういう一日一日の積み重ねが意義ある生涯というものを創《つく》りだしてくれるのです。

『日本人らしく』

心を聞くようにしないことには
本当の話し合いはできない。

人の話や講演を聞くときにも、言葉だけ聞いて心を聞かないというのでは、結局言葉じりだけにとらわれることになります。

いまの世の中でいい合いはあるけれども、本当の話し合いがまことに少なくなっているというのは、そういうことが原因だと思われます。

『日本人らしく』

人の邪《よこしま》を見る前に、自らを心がけるべしです。

私どもの目は〝まなこ〟です。まなこは真中《まなか》です。かたよらず、とらわれず、こだわらずに物の真ん中を見なければならないのに、横ざまに見る。邪に見る、邪見《じゃけん》です。これは偏見です。そしてまた、ものごとの裏ばかりを見る。これは裏見（恨み）街道を行く人です。

他人の邪を見るなかれ――人を見て、人の批判をする暇があったら、自分自身の反省をしなさいというわけです。『まごころ説法』『心をむすぶ』

足《た》ることを知る人が福人《ふくじん》です。

喜んで感謝する心のない人は、どんなに豊かな物に恵まれても、一生経《へ》巡《めぐ》りまわってなお幸せに巡りあえない人です。

昔から、足りぬは余るよりもよし、とされています。『まごころ説法』

わが命《いのち》を守るがごとくに
言葉を慎《つつし》まねばなりません。

今日ほど日本語が冒瀆《ぼうとく》されている時代は、かつてなかったと思います。虚偽、虚言、虚飾、虚報の世の中から、言葉の命を大切にする精神を取り戻すことに、私どもお互いが真剣にならねばなりません。

『まごころ説法』

心

ひろく
ひろく
もっと
ひろく

好胤

人の是非《ぜひ》を論ずる人自《みずか》らが、
是非を問われるお互いだということを、
忘れてはいけないと思います。

『まごころ説法』

おん　にこにこ　腹立てまいぞ　そわか。

私どもは本当にみんな腹立てです。瞬間湯沸かし器の種火《たねび》が、いつもつきっ放しです。しかし、あまり簡単に腹は立てぬようにしたいもの。そういうときにはこのご真言《しんごん》（西有穆山師《にしありぼくざんし》）を二十一回、唱えてもらえぬかと思います。いかにお立ちあそばしているお腹さまも、横におなりいただけるのではないかと思います。

これは、薬師如来《やくしにょらい》のご真言「おん　ころころ　せんだり　まとおぎそわか」によって、うかがい知っていただけようかと思います。

「おん」とは、南無《なむ》ということです。すべて命も体も捧《ささ》げておまかせ申しあげますとの限りをつくしての思いが南無であります。「ころころ」は、気持ちのいい状態を表す擬音語です。「せんだり」はチャンダーラであり、「まとおぎ」は娘さんの名前です。「そわか」とは、できあがった、成就したということです。このご真言を下敷きにした冒頭のご真言を、日常生活においただきになったらと思うのです。

『まごころ説法』

あくまでも自分を立てる自我《じが》に対し、
相手を立て、ひとさんを立てる、
これが無我《むが》です。

自我の思想が根にある西洋の薬と、無我にたつ東洋の薬（漢方薬）とではお薬の処方《しょほう》が違うと聞いたことがあります。西洋薬の場合は主薬ばかりを調合して作られているというのです。主薬はそれぞれが効《き》きめを主張するお薬です。

ところが漢方薬の場合は何種類かの主薬の中に必ず主薬の働きを助ける補薬が配合されるのです。補薬はそれ自体効きめを主張はしないけれども、主薬の中に混ぜられることによって主薬と主薬の間を按配《あんばい》よく働かせあう役割を果たすのです。それが補薬の効果だということです。

この補薬の働きが、いうなれば無我の働きに通じる。つまり、相手を立て人さまをお立てするのが無我です。

『まごころ説法』『親の姿　子の心』

心ここにあらざれば
食らえどもその味わいを知らず、
見れども見えず。

味わう心、ものを見る心がなければ、いかに美味なもの、美しいものであったとしても、それははじめからないに等しいのです。何ごとも心が基底となるのであり、これは私ども法相宗《ほっそうしゅう》の教えである「唯識論《ゆいしきろん》」（編集部注・271頁参照）にも通ずるのであります。

舌の上で味わう美味だけではありません。謙虚な心を持たず、無為《むい》に百年を生きても人生の本当の味を味わうことはできないのです。ただ一度の人生、ときには自分はなんのために生まれてきたのか、心静かに考えるのもいいことだと思います。

『日本人らしく』『心のことば』

縁《えん》じられたり縁じたり。

同じ場所で同じ話を聞いていても、それぞれが智慧で聞いていていたら同じ認識を持つはずですが、みんな違った知識で聞いていますから万別の認識を持ちます。たとえば、私というのはたった一人ですが、私を知っている人の数だけ、その認識の中にべつべつに存在しているということです。即《すなわ》ち認識を離れて存在はないということで、認識が存在をつくりだすということです。

人間というこの存在も肉体としてとらえるのではなく、精神の働きとしてとらえます。すべてのものはその人の識《しき》から変じたものだとするのです。それを唯識所変《ゆいしきしょへん》といいますが、所変というのは生みだすということです。

ですから、私どもの世界は私の認識から縁じ出された存在です。縁ずるというのは認識することです。

「おれとお前は唯識所変、縁じられたり縁じたり」です。

『心　第二集　曲り角に立つ日本人』『心のことば』

「諦《たい》」——明らかに見るということ。

佛教の基本的な教えに「四諦《したい》」というものがありますように、「諦」というのは、本来、普通使われているような「見限る」とか「思い切る」という意味ではなく、「明らかに見る」ということなのです。ものの本質を冷徹に見抜くことで、「見」よりも「観」なのです。「見」は肉眼をもって形あるものを見ることですが、「観」は心の眼をもって色なき色を観じ、音なき音を聞く。「観音」というのはそのためですが、色や形にまどわされることなく対象の本当の姿を探《さぐ》り当てるのです。

『日本人らしく』

言葉を離れたところに真理がある。

大きな感動を得たとき、それを表現することばの不完全さに行きあたるものです。

佛教には「廃詮《はいせん》に詮を借りる」という言葉があります。言語にすれば真実の意味が失われるが、それ以外に伝達手段がないので、やむを得ず詮（なすべき方法）を借りるのです。

ついでにいえば、無為《むい》は「言亡慮絶《ごんもうりょぜつ》」で、言語や思慮を越えているものです。また「離言真如《りごんしんにょ》」ともいい、言葉を離れたところに真理があります。

『心のことば』

いたずらに戯《け》論《ろん》にふけるなかれ。

それにつけても、いまは無駄な戯論が多すぎます。会議などでも他人に対しては容赦《ようしゃ》のない検事になって理屈でやりこめるくせに、自分に対しては空理空論の弁護士になっていいわけをする。「小人《しょうじん》の過《あやま》つやかならず文《かざ》る」で、過ちをあらためることを考えません。理屈と鳥《とり》黐《もち》はどこへでも着くというわけで、弁解にあいつとめます。

いたずらな戯論にふけることなく、潤いのある生活を送りたいものです。

『心のことば』

揭諦揭諦

波羅揭諦

波羅僧揭諦

好胤

『般若心経《はんにゃしんぎょう》』の結びの一行は「羯諦《ぎゃあてい》羯諦《ぎゃあてい》　波羅《はら》羯諦《ぎゃあてい》　波羅《はら》僧《そう》羯諦《ぎゃあてい》
菩提娑婆呵《ぼじそわか》　般若心経」というものです。

羯諦羯諦は、「行こう、行こう」ということ。波羅羯諦は、「さあ行こう」。波羅僧羯諦は、「みんなで一緒に行きましょう」。ですから、ひっくるめて申せば、「行こう、行こう、さあ行こう、みんなで行こう、心を合わせ、力を合わせて、幸せの、あこがれの、理想の彼岸《ひがん》の世界に行きましょう」ということになります。

みんなで行くには、〝自分だけ〟というエゴイズムを打ち消さねばなりません。

エゴイズムを打ち消した向こうにこそ、幸せの世界がひろびろとひらけてくるのです。

『心のことば』『まごころ説法』

忍
轉土石成金銀
好胤

私は色紙に「忍」と書いたとき、よく「土石轉《てん》じて金銀《こんごん》となる」と書き添えます。忍ぶ心があるとき、ただの土くれや石もやがて金や銀になるのです。

辛抱こそが何ものにもかえがたい宝をつくりあげてくれるのです。

『心のことば』『心の添え木』

見上げる富士と見下ろす富士。

ときには私は飛行機にも乗ります。上から見る富士は、まるで毛の抜けた汚い馬の背中のようだと思いました。見上げて尊い富士の姿も、上から見下ろすとこんなものなのか――私はそのとき「見上げる心」という人生の妙諦《みょうてい》を訓《おし》えられた思いがしました。

どうもこのごろは、世の中全体が見下ろしごっこをしているような具合です。人間関係のことごとくが見下ろし合いをやっているように思われます。

寺院の堂塔《どうとう》のあるところを伽藍《がらん》といいます。あの堂塔の高さは佛様がおられる建物を敬虔《けいけん》な気持ちで見上げるのにもっともふさわしい高さだといわれております。伽藍で「見上げる心」を教えているのです。

つまり、人々の心の中に「見上げる心」をはぐくみ、精神を昂揚《こうよう》するために必要な高さが塔の高さであり、精神的に必要な大きさ、それがお堂の大きさなのです。

『心　いかに生きたらいいか』『心のことば』

その形直《なお》ければ影《かげ》曲《まが》らず。

人間として正しい生活を送るためには姿と形が大切です。心さえ正しければ姿形はどうでもよいという人もおられますが、そうではありません。正しい形が正しい心を生み出すのです。どちらにかたよってもいけません。

現在のように声高《こわだか》に政治の腐敗がいわれ、人が利益のみを求めて狂奔《きょうほん》している姿を見ますと、私には明恵上人《みょうえしょうにん》のことがしきりに思い出されるのです。

影が曲っているのは自分の姿形が曲っているからだと喝破し、政治をするものは無欲謙虚であらねばならないとお示しになったのです。

『心のことば』『日本人らしく』

貪《むさぼ》りとひがみ、嫉妬《しっと》が
餓鬼道《がきどう》、地獄道への種を蒔《ま》くのです。

世間の名声や財利を得たからとて、世間的な出世と、来世後生《らいせいごしょう》での幸せは何のかかわりもありません。そんな名利《みょうり》に明け暮れた人こそ、かえって地獄、餓鬼へまっしぐらです。

『まごころ説法』

「どっこいしょ」というのは、
「六根清浄《ろっこんしょうじょう》」ということなのです。

六根清浄といったら、体と心を清めるということです。そして「さんげ、さんげ、六根清浄」で大峰《おおみね》参りをするのです。

大峰参りで登っていく。そして、ちょっと疲れてきたところに休む場所ができていて、そこへ来たときに、「どっこいこらしょ」とすわる。大地には大地の神がおられる。その大地の神にお尻をおろして、汚してはいかんというので、「六根清浄でおろした」というのが「どっこいしょ」になったのです。

昔は井戸を掘るときでも「六根清浄」と唱えながら掘ったのです。それも大地の神に感謝するためです。

日本人の心の中には何げない日常的な言葉の中にも天地自然を神としていただく謙虚な心があったのです。

『心をむすぶ』『心　第二集　曲り角に立つ日本人』

懺《さん》悔《げ》すれば能《よ》く菩《ぼ》提《だい》の花ひらく。

「ざんげ」ではなく、「さんげ」とお読みください。この言葉を唱え礼拝読誦《らいはいどくじゅ》いたします。懺悔すると心の穢《けが》れがとれるのです。穢れたままで佛さまの前に出ることはできないのです。よそのお家を訪れるときでも、穢れた心のまま行くのでなく、懺悔してきれいな気持ちで訪ねなければなりません。ですから「ごめんください」と言いますね。

（編集部注・53頁参照）『心の添え木』

われわれ現代人は、あまりにも
他人によって与えられることに
慣れてしまっている。

物が少なくて文句をいうのはまぁ許せる。ところが満ち満ちているくせに、ほんの少し不足すると文句をたらたらという。あげくには生き甲斐《がい》がないなどという。

その生き甲斐さえも坐って待っていれば、誰かによって与えられるものと安易に思いがちです。心しなければなりません。『日本人らしく』

見えないところを大切にする。

現代人はどうも見えざるものへの努力というものが不足しているのではないかというふうに思えます。

薬師寺の三重塔の天井裏などに入りますと、私の体が自由に身動きできないほど材料がつまっています。ところが、いまの建築ですと、見えるところには材料を使うが、見えないところははぶく。目に見えないところに材料を使うのは無駄であるという考え方です。

しかし、見えないものに向かって無限の努力をする、見えないところを大切にする、それが法隆寺、東大寺、薬師寺といった日本の文化をつくり、伝えてきたのです。『心　いかに生きたらいいか』『心のことば』

おこめ
ごはん
およねさま

私どもは米という字を〝ヨネ〟と読みます。

ヨネのヨとは〝齢《よわい》〟で、命です。

ですからヨネはイノチのネです。

日本人にとってはお米が命の根なのです。

そのお米を育ててくださる天地自然のお恵み、森羅万象のことごとくが八百萬《やおよろず》の神なのです。


『まごころ説法』

物で栄えて心で滅ぶ。

人間は「万物の霊長」だといわれています。肉体的には動物よりも劣っています。それを精神でおぎなっているために霊長といっているわけでしょう。「霊」とは魂であり、心です。鳥よりも高く速く飛ぶ飛行機を考え、馬に負けない自動車をつくり、夜でも明るい電灯を考えました。

私は生活が便利になって行くことを否定するものではありません。科学は人間の偉大なる智慧《ちえ》が生んだものだから、人間はそれを享受すべきです。だが、物質的な豊かさというものが、精神的貧困の上に成り立っているのだとしたら無意味です。

いま私たちの敵は私たちの心の中にいます。驕慢《きょうまん》と欲望のあくなき追求、これらはみな敵と心がけなければなりません。

『心のことば』『心　いかに生きたらいいか』

あとがきにかえまして

「都耶子《つやこ》さんのお父様がもう少し長生きしていたなら、今の日本ももう少し違っていたかもしれないのにね」

幼馴染みの友人から言われました。友はそれに続けて、

「こんな時代にこそ、お父様にコメントして頂きたかったなあ」と。

父、高田好胤《たかだこういん》は二十代の若き副住職の頃から、奈良を訪れた修学旅行生に薬師寺の説明を通し、佛心の培《つちか》い、民族精神の種まきを十七年、十八年にわたり声を嗄《か》らして語りかけ続けたのです。その数は五百万人とも六百万人とも言われています。

昭和四十二年、四十余歳で住職になった時から、師匠橋本凝胤《はしもとぎょういん》師の悲願を継ぎ、薬師寺の金堂復興に取り組みました。その方法は大企業などに寄進を御願いするのでなく、お写経をして頂くというものでした。一巻（お経は一巻二巻と数えます）千円の納

経料を納めていただき、それが百万巻で十億円。それで白鳳時代の金堂を復興すると前代未聞の発願をしたのですが、昭和五十年に百万巻達成、五十一年に金堂が落慶したのです。日本の歴史において、お写経でお堂が建立されたのは初めてのことと聞いて居ります。その後も「金堂が再建されたからとお写経を止めないでくださいな」と多くの方からの声に支えられて、お写経勧進は続き、西塔、中門、回廊、大講堂へと伽藍復興は進んでゆきました。

あるとき父が、「始めは伽藍復興が目的で、お写経はその方便であったけれど、いつかお写経（で功徳を積んでいただく）をすることが目的となり、伽藍復興はその方便になったようだ」と、嬉しそうな顔で語ったことがあります。

今日、日本全国でお写経をなさる寺院も増えました。きっと父は我が意を得たりと、喜んでいるに違いありません。平成十年六月二十二日に父が亡くなりました日に、お写経は般若心経だけで六百九万九千四百七巻となり、薬師経、その他のお写経をあわせると六百四、五十万巻に達していたと聞いています。

父はまた、心温かい人でした。一緒に新幹線に乗った折には、必ずといっていいほど車内販売のプリンやジュースを買うのです。度重なることに、よくまぁ飽きずに……というようなことを申しましたら、父は「そうやないのや。お盆に載せたプリンやジュースが帰りがけにもあんまり減っていなくてお気の毒やから。せめて父娘で二つでも買わせて貰ったらと思うてな」と。そんな優しい人でした。

父が亡くなりまして八年。月日の流れの早さに驚かされています。生前に父の法話を聞いたこともなく、佛教に特別な思いもなかったであろう友人がそんなことを言うのなら、きっと父が残した言葉は、今の時代のお役に立つかもしれない、いやこんな時代にこそ必要なのではないだろうかと思っていた私に、阪急コミュニケーションズの佐々木春樹さんから連絡が入ったのです。

「管長さんの残された言葉をまとめたものを出したいのです。生きることの難しさに行き当たっている、先ず第二の人生を迎える団塊の世代に、そしてその子や孫に、管長の言葉が必ず応援歌となってくれます。今に必要な言葉を沢山残して下さっているではないですか」と。熱意伝わる言葉でありました。

編集は、善は急げとばかりに始まりました。父の数多い著作より今に活きる言葉を選び出すのは、万有社の木村誠一さんの担当となりました。

今日、高田好胤と名前を聞いても、知らないという世代も人も増えましたが、その教えは普遍であると私は信じています。

「物で栄えて心で滅ぶ」

「最小の効果のために　最大の努力を惜しまない」

「苦労と仲よくすれば　苦労が味方してきっと助けてくれます」

父が伝えたかったこと、目指した世界を何分の一か、いえ何万分の一かでも伝え続けることが、私に負わされた使命なのかもしれません。

編集作業に携わっている頃に、知人から「管長さんの思想には、従来の仏教から一歩踏み出した教えが含まれているように思えてなりません」とメールが届きました。

多くのご縁とお力を頂いて、お蔭様で無事に上梓と相成りました。若き日に父は、大和の古老から「聞いときなはれや、いつかそれが、ほんまになりますねんで」と言われたそうです。

この本が「聞いときなはれや」ならぬ「読んどきなはれや」の一冊となり、皆さまの心の支えとなれば、幸いです。

父亡き後も、こうしてまた本を出していただけるとは喜ばしい限りです。お蔭様です。有難いことです。

平成十八年　水無月二十二日　好胤忌に記す

高田都耶子

付記

日常会話で、「お元気ですか」「おかげさまで」と言うことがよくあります。この御蔭様、目に見える御蔭様を「顕加」といい、目に見えない御蔭様を「冥加」と申します。これまでの私の人生、いったいどれほどの御蔭様のおかげをいただいて、ここまで生きてきたことでしょう。そしてこれからも……。

またそろそろ父の残した著書の見直しの時機が来たと思っていた矢先、『生きいきて、逝くヒント』を新装版として刊行したいという連絡をもらいました。「この揺れ動く時代に、何を心の軸にすべきかを教えてくれる一冊ではないか」という文章が添えられていました。嬉しい気持ちのまま直ぐに書棚から取り出してページをめくってみました。初版から既に十一年の歳月が流れているのに、何一つ古めかしさがない。高田好胤の言葉には時代を超えて、生きる為の真理があるという思いを深く持ちました。

数日後、かつて何度か訪れた懐かしい編集部で、初対面の女性編集者と会いました。彼女は嬉しそうに「実は私、都耶子さんと同じ女子大の、しかも同じフランス文学科の卒業生なんです」と言ったのでした。思い返せば父は、私が国文科に進むものと思っていたので、フランス文学専攻と聞いて残念がりました。が、すぐに「人生は受け取り方が大事なんですよ」と説法していた本領を発揮して「お父ちゃま考えたんやけどな……、フランス文学科は漢字で書くと『仏文科』や。まんざら御縁がないわけやない」と言ってくれました。

新装版の出版に際しては、新たに父の書を多数入れてもらいました。父は書は苦手だと言っていましたが、一文字一文字丁寧に書いたその文字は、温かい言葉と重なり、みなさまのお心に届くのではないかと思います。この著書を手にして下さったお方たちが、父の言葉に依って人生に勇気と明るさを持って、顔を上げて、諦めずに歩んでくださいますようにと願います。

順風満帆な時でなく、困ったときや悩んだときにこそ、頼りになる一冊になってくれます。そう信じているのです。

間もなく父の十九回目の命日を迎えようとしています。

高田都耶子

平成二十九年　水無月

高《たか》田《だ》好《こう》胤《いん》

大正13年3月30日、大阪市に生まれる。数え年12歳で薬師寺にて得度、橋本凝胤管主の薫陶を受ける。昭和21年龍谷大学佛教学科を卒業。昭和24年薬師寺副住職に就任。副住職時代の18年間、薬師寺を訪れた修学旅行生たちに寺の案内を通し、佛心の種蒔きをする。その数は五百万人にのぼるといわれる。昭和42年薬師寺管主、43年法相宗管長となる。管主就任と同時に、師匠橋本凝胤師より受け継いだ金堂復興に取り組む。百万巻お写経運動を推進、全国を勧進行脚。昭和51年金堂落慶。56年西塔、59年中門、平成3年に玄奘三蔵院伽藍落慶。平成9年お写経勧進六百万巻達成。平成10年6月22日遷化、享年数え年75歳。

法相宗管長《ほっそうしゅうかんちょう》 薬師寺別当《やくしじべっとう》 探題大僧正《たんだいだいそうじょう》 好胤大和上《こういんだいわじょう》

出典著作一覧

『心　いかに生きたらいいか』（徳間書店）
『心　第二集　曲り角に立つ日本人』（徳間書店）
『心のことば』（徳間オリオン）
『日本人らしく』（徳間書店）
『まごころ説法』（徳間書店）
『親の姿　子の心』（講談社）
『心の添え木』（講談社）
『悟りとは決心すること』（講談社）
『心をむすぶ』（毎日新聞社）
『新潮45／昭和63年3月号』（新潮社）
『薬師寺・好胤説法』（学生社）

※本書は２００６年に阪急コミュニケーションズより刊行された『生きいきて、逝くヒント』の新装版となります。

編集協力　万有社
装丁　原田恵都子（Ｈａｒａｄａ＋Ｈａｒａｄａ）
校閲　円水社

新装版
生《い》きて、逝《ゆ》くヒント
2017年 8月9日 初　　版

著　者　高田好胤

発行者　小林圭太

発行所　株式会社 CCCメディアハウス
〒153-8541 東京都目黒区目黒1丁目24番12号
販売　03-5436-5721
編集　03-5436-5735

印刷・製本　慶昌堂印刷株式会社

ISBN 978-4-484-17222-4 Printed in Japan